Montar bastante bien

Por

Michael D. Cintas

Dedicado a:

George Morris Jinete Olímpico, Entrenador, Entrenó a Michael de 1964-1966

Alan Balch El primer entrenador de equitación de Michael 1960-1962

Los padres de Michael

Agradecimientos

Equitación, Caza, Salto y Doma.

Específicamente escrito para los padres, abuelos, niños e Instructores que quieran comprender la forma correcta en que un joven jinete o un jinete adulto principiante espera aprender a montar correctamente.

Susie Hutchison, jinete profesional desde los 18 años, ha conseguido más de 80 victorias en Grandes Premios y ha representado a Estados Unidos en importantes competiciones internacionales. En la actualidad forma parte de los Salones de la Fama del Concurso Nacional de Salto y del Concurso Nacional de Caza, y se dedica a impartir cursos, entrenar y vender caballos.

Prólogo

De Susie Hutchison

La carrera del entrenador Michael se expandió por todas las vías del entrenamiento tras dejar Gladstone Horse Masters (GHM). Más tarde, Michael volvió a Gladstone para las Pruebas, montando un famoso caballo llamado "RED-SHOES". Durante su estancia en GHM, mientras formaba parte del Equipo Ecuestre de EE.UU., compitió con éxito con varios caballos, incluido "RED-SHOES". George, su entrenador, trabajó estrechamente con Michael seis días a la semana durante su adolescencia, haciéndole montar una serie de caballos con diferentes temperamentos.

Tras dejar GHM, Michael regresó a Rancho Santa Fe, California, donde estableció su propia granja, fomentando el crecimiento de jóvenes jinetes que competían en concursos hípicos por todo el sur de California, Arizona y, ocasionalmente, en Oregón, Washington y Spruce Meadows de Calgary.

Junto con otros jinetes como Hap Hansen, Jimmy Williams y unos pocos elegidos, Michael produjo jinetes de equitación de primera categoría, expertos en trabajo llano, sobre vallas, medallas y en la pista de salto de obstáculos. Desde 2003, el entrenador Michael ha sido el entrenador ecuestre olímpico del Pentatlón Moderno, a partir de los Juegos Olímpicos de Pekín. Está previsto que complete su carrera de entrenador olímpico como entrenador jefe en París, Francia, en julio/agosto de 2024.

Michael también se dedica a compartir sus conocimientos a través de la escritura, creando toda una biblioteca centrada en orientar a quienes aspiran a entrar en el selecto mundo del salto de obstáculos. Sigue ofreciendo sus clinics de equitación de 3, 5 y 7 días tanto en todo el mundo como en EE.UU., a menudo en los hermosos centros ecuestres de otros propietarios y entrenadores.

Junto con su esposa, Kathy, el entrenador Michael construyó el primer centro ecuestre cubierto de 38.000 pies cuadrados en el valle de Coachella (condado de Riverside) en la década de 1980, que vendieron en diciembre de 2022. Este centro representó 40 años de bellos recuerdos y más de 5.000 alumnos que pasaron de montar por diversión a competir en escenarios nacionales e internacionales. Equestrian Centers International fue la última de sus 5 granjas, marcando la culminación de una distinguida carrera en el entrenamiento ecuestre.

Nota del autor

Estimados lectores: Entrenadores, Instructores de Escuelas de Equitación, Academias de Equitación, Escuelas de Equitación y Estudiantes desde los seis años hasta Adultos de todas las edades que quieran APRENDER A MONTAR "CORRECTAMENTE".

He tenido una carrera excepcional como amazona y profesora, y he tenido la suerte de continuarla por todo Estados Unidos y por todo el mundo. Este libro te enseñará desde el principio lo que significa "Aprender a Montar 'CORRECTAMENTE'". Tanto si te subes a la silla por primera vez como si estás perfeccionando tu técnica, este libro te ofrecerá una base clara para convertirte en un jinete consumado. Tanto si tienes 6 años como 75, este libro te llevará a un hermoso comienzo, aprendiendo desde el principio. Entrarás a formar parte del maravilloso mundo de los caballos. Muchos soñamos con tener un caballo, y este libro te permitirá aprender sobre estas magníficas criaturas. Tendrás la oportunidad de empezar desde lo más básico y desarrollar tus habilidades de equitación hasta la perfección.

Este libro será el primero de muchos y, si así lo decides, podrás incluso aspirar a montar para tu país en las Olimpiadas. Sumergiéndote en estas páginas, te prepararás para mi próximo libro, "Riding into the SHOW RING", que profundiza en las habilidades y técnicas de la equitación de competición.

Leeremos, comprenderemos y nos aplicaremos en cada página para que te conviertas en un jinete muy bueno y en lo mejor que puedas ser. Aprender a Montar "CORRECTAMENTE" te hará sentir como si tú, tu poni/caballo y tu Instructor fuerais uno solo. Esta conexión, desarrollada a lo largo del tiempo, es esencial para dominar el arte de la equitación.

El Instructor tranquilizará a los nuevos alumnos, haciéndoles sentir cómodos. Aunque los alumnos puedan estar un poco excitados y nerviosos, también se sentirán muy felices con lo que están a punto de experimentar. El Instructor asegurará verbalmente al nuevo jinete que su primera lección abarca una amistad incipiente con su caballo. Es un momento de creación de confianza, y sentar esta base es clave para un viaje exitoso.

En mi primer libro, "APRENDER A MONTAR 'CORRECTAMENTE'", hacemos hincapié en que los padres, abuelos y alumnos se sientan muy cómodos con la escuela de equitación, el propietario, el Instructor y los demás alumnos y padres. Recomiendo que el nuevo jinete visite varias granjas en un radio de 30 minutos en coche, observe las clases en curso y evalúe cómo enseña el Instructor y cómo responden los alumnos. Desde el principio, es importante observar la camaradería y el comportamiento de la granja y su personal. Encontrar el entorno adecuado garantiza una atmósfera de apoyo en la que tanto el caballo como el jinete prosperan.

El Instructor debe permitir que el nuevo alumno haga preguntas y comprenda lo básico. El primer día es muy importante. El nuevo alumno, el caballo, el Instructor y la granja deben crear una zona de confort en la que el alumno se sienta seguro y bienvenido. Este espacio fomenta la curiosidad y el aprendizaje, sentando las bases para una relación de confianza entre jinete y caballo.

Animamos a las familias y a los jinetes principiantes, ya sean adultos o niños, a que empiecen con una clase a la semana. Después de las primeras cuatro a ocho clases, el jinete debería pasar a dos clases semanales. A diferencia de otros deportes que pueden practicarse en el colegio o después del trabajo, los jinetes dedican su actividad deportiva exterior a sus clases de equitación. El alumno practica ahora su deporte ecuestre con su compañero: su caballo. Esta progresión permite a los jinetes desarrollar sus habilidades gradualmente, garantizando que se sientan cómodos y seguros.

Lo que es único y especial de Aprender a Montar "CORRECTAMENTE" es que crecerás mental y físicamente con cada lección. Te animo a que lleves un diario en el que anotes tus progresos y cualquier pregunta que tengas, de modo que cuando pases a la siguiente lección te sientas positivo y con ganas de empezar.

Después de las cuatro clases iniciales, tu instructor te trasladará a un grupo de dos o cuatro jinetes. A esto lo llamamos "Equitación Comparable", en la que jinetes con niveles de habilidad similares pueden observarse y aprender. El Instructor comentará las clases de los otros 2 ó 3 jinetes del pequeño grupo, fomentando un sentido de comunidad y aprendizaje compartido entre los jinetes.

Una vez terminado, este libro de equitación para principiantes te servirá como valiosa referencia a medida que progreses y te conviertas en un jinete experto. Está diseñado para ser una guía a la que puedas volver, que te ayude en tu viaje para convertirte en el mejor jinete que puedas ser.

Gracias,

Entrenador Michael.

CONTENIDO

INTRODUCCIÓN

Entrenador Michael 1980-2022

Centros Ecuestres Internacionales

Argumento: Michael D. Cintas

Aprender a montar a caballo es una experiencia transformadora que va mucho más allá de la mecánica de controlar a un animal. Se trata de cultivar una profunda conexión con tu caballo, desarrollar el equilibrio físico y mental, y comprender los principios fundamentales de la equitación desde la base. Tanto si eres un joven jinete que empieza a los 6 años como si eres un adulto que descubre las alegrías de la equitación más tarde en la vida, se trata de un viaje de disciplina, vinculación y aprendizaje permanente. Este viaje, lleno de retos y triunfos, no sólo forma las habilidades, sino también el carácter.

Este libro está diseñado para guiar tanto a padres como a jinetes a través de las etapas esenciales del aprendizaje de la equitación, empezando por lo más básico: elegir el poni adecuado, comprender el comportamiento equino y construir una relación con tu montura. Cada etapa está pensada para construirse sobre la anterior, sentando una base sólida para cada jinete. Introduce gradualmente técnicas de equitación

1

más avanzadas que fomentan la destreza, la confianza y una verdadera asociación entre jinete y caballo.

Encontrarás consejos prácticos sobre la importancia de la exposición temprana a los animales de granja, cómo elegir un poni que se adapte a las necesidades del joven jinete y las cruciales primeras lecciones de aseo, guarnicionería y monta. Destaca la importancia de iniciar a los jóvenes jinetes sobre una base sólida y segura, prestando atención a la concentración mental, el equilibrio físico y, lo que es más importante, la diversión. A través de lecciones cuidadosamente estructuradas, los jóvenes jinetes desarrollarán el respeto, la confianza y un amor duradero por la equitación.

Para los padres, hay orientación sobre la elección de la academia de equitación adecuada, la comprensión del equipo necesario para el deporte y el apoyo a tu hijo a lo largo de su viaje ecuestre. A medida que los jóvenes jinetes progresan, aprenderán no sólo a montar, sino también a cuidar de su caballo, adquiriendo valiosas habilidades vitales de responsabilidad, paciencia y persistencia. Estas lecciones se extienden más allá de la equitación, forjando un carácter y unas habilidades vitales que los jinetes trasladan a todos los ámbitos de su vida.

El camino para convertirse en un jinete competente implica mucho más que sentarse en la silla de montar. Se trata de aprender los matices del cuidado equino, crear confianza y desarrollar un profundo respeto por estos magníficos animales. Los jinetes no se limitan a aprender una habilidad, sino que entablan una relación con su caballo basada en el respeto y la comprensión mutuos. Este libro te proporcionará los conocimientos necesarios para que este viaje sea seguro, agradable y satisfactorio para todos los jinetes, independientemente de su edad o nivel de experiencia.

.

CAPÍTULO 1
EQUITACIÓN DE SALIDA:
EL VIAJE DE UN JOVEN JINETE

Hoy en día, los jóvenes jinetes deberían empezar en serio a aprender equitación a los 6 años. A esta edad, los niños pueden empezar a desarrollar habilidades esenciales y disciplina, al tiempo que construyen una base sólida en equitación. Antes de eso, sólo debería haber una introducción a todos los animales de granja disponibles para el niño pequeño. Yo monté en mi primer poni cuando tenía 2 ó 4 años, e inmediatamente me enamoré de todos los ponis. La exposición temprana fue inestimable, ya que desencadenó una pasión de por vida por la equitación y los animales.

Tuve la suerte de estar en una granja, "Kenmore Stables", en San Diego (Mission Valley River Bottom), donde tenía cabras, ovejas, cerdos y gallinas. Al crecer rodeada de estos animales, aprendí no sólo a cuidarlos, sino también a comunicarme con ellos de una forma que trasciende las palabras. Aprendí muy pronto a comunicarme con todos los animales que me rodeaban, lo que me ayudó a comunicarme con los ponis y los caballos. Esta experiencia me permitió desarrollar un sentimiento de respeto y empatía hacia cada criatura, algo que trasladé a mi relación con los ponis y los caballos.

Un jinete joven o adulto debe tener equilibrio tanto físico como mental y mantenerse concentrado. Montar a caballo no es sólo cuestión de técnica; es cuestión de atención, equilibrio y comprensión. Se recomienda empezar con mucha diversión y disciplina moderada. La diversión mantiene comprometidos a los jóvenes jinetes, mientras que la disciplina introduce estructura, guiándoles para que aprecien la dedicación que requiere la equitación. Ya no se trata de jugar con peluches; esto es un compromiso real, que enseña responsabilidad y ofrece alegría a cambio.

Las clases para jóvenes jinetes deben empezar a los 6 años, mientras que los adultos pueden empezar a cualquier edad. Para los nuevos jinetes, las clases deben ser privadas, de 30 minutos o más, con sesiones celebradas al menos dos veces por semana durante los primeros 6 meses. Tras este periodo introductorio, el joven jinete puede avanzar una vez que se haya sintonizado con su poni o caballo, demostrando alerta y confianza. Alrededor de los 7 años, o tras un año de clases, los jóvenes jinetes deberían pasar a tres días a la semana. Esta mayor frecuencia ayuda a reforzar las habilidades, proporcionando consistencia y la oportunidad de crear un vínculo más fuerte con su montura. También es el momento perfecto para que los padres se planteen alquilar o comprar un poni para su hijo, ya que puede convertirse en su mejor amigo.

El Instructor debe conocer muy bien la montura adecuada para cada jinete. Elegir el poni o caballo adecuado es crucial, pues garantiza que el jinete se sienta seguro y respaldado. Nunca es necesario comprar un poni caro. Lo que los padres quieren es un poni que sea como una póliza de seguros: muy seguro, muy tranquilo y muy amable. Los buenos ponis son, de hecho, pólizas de seguro. Ofrecen una introducción fiable y suave a la equitación, inculcando confianza y comodidad a los jóvenes jinetes. Es esencial comprar un poni que sea seguro, tranquilo, de aires muy suaves y con unos modales impecables en el suelo. La primera compra debe ser un poni cuyo tamaño coincida con el del joven jinete, para garantizar una experiencia manejable y agradable.

Los tamaños de los ponis varían y deben seleccionarse en función del tamaño del jinete: los ponis pequeños (no los miniaturas) van de 10 a 12,2 manos; un poni mediano es de 12,2 a 13,2 manos; y un poni grande es de 13,2 a 14,2 manos. Después de este rango de tamaño, los jinetes pasarían a los caballos.

El tamaño medio de los caballos empieza en 14,2 manos y pueden ser bastante altos. Para los jinetes junior de más edad, la media sería de 16 a 16,3 manos, y en el mundo de la equitación, los caballos suelen tener una media de 16,3 manos. Los caballos pueden ser incluso más altos, sobre todo porque hoy en día muchos niños crecen hasta una mayor estatura, lo que hace más adecuadas las monturas más grandes.

Para medir un caballo, la medida en la mano de una persona adulta (de lado) es de 4 pulgadas. Cada "mano" es una unidad igual a 4 pulgadas. Mide al poni o al caballo desde la parte delantera izquierda del casco en el suelo, en una línea perfectamente recta, hasta la cruz (el hueso del cuello, por así decirlo). Comprender esta medida es una parte esencial de la equitación básica. Puedes comprobar tu medida utilizando una vara de medir para caballos o una cinta métrica normal de aluminio. Cuanto más aprendan los jinetes las habilidades básicas de la equitación, más se unirán a su poni o caballo.

Para los padres que inician a sus hijos en la equitación básica y en las clases, el niño debe pasar el mayor tiempo posible con su poni. Los jinetes jóvenes comienzan su andadura desde la base, aprendiendo todo, desde el manejo hasta la monta. Es útil que los padres lleven a sus hijos a la academia de equitación entre 15 y 20 minutos antes de que empiecen las clases. Lleva siempre zanahorias, no golosinas para caballos, que pueden ser más difíciles de dar y pueden irritar al poni. El joven jinete debe relacionarse con su poni. Ofreciéndole una zanahoria y acariciándole suavemente el cuello, el hombro y, finalmente, la frente y los pómulos, el joven jinete o aficionado establece una conexión física con su poni. Esta interacción refuerza el vínculo, creando lo que muchos describen como una "relación 100% amorosa" entre jinete y poni.

Cuando los padres deciden iniciar a su hijo en las clases de equitación, deben seguir las siguientes directrices:

- Ponte en contacto con varias academias de equitación situadas en un radio de 30 minutos de tu residencia o del colegio de tu hijo y formula estas preguntas esenciales:
  - ¿A qué edad empiezas a enseñar a los jóvenes jinetes?
  - ¿Quiénes son los instructores? Investiga sus cualificaciones y experiencia.
  - Visita su sitio web.
  - ¿Cuánto tiempo lleva funcionando la academia?
  - Comprueba sus referencias.
  - Pregunta por los antecedentes de los caballos de la escuela (los llamamos "graduados universitarios").
  - ¿Qué días están disponibles?
  - ¿Cuánto cuestan las clases y ofrecen paquetes de equitación?
  - (Lo más importante) Como todos los jinetes aprenden desde la base, ¿aprenden el abecedario antes de montar?
  - ¿Todos los jinetes jóvenes empiezan en una línea de embestida? Pregunta también por el atuendo que debe llevar tu hijo.

Normalmente, durante las 3-4 primeras clases, los jóvenes jinetes pueden llevar vaqueros y una camisa metida por dentro de manga corta o larga con un cinturón, junto con un zapato o bota de suela dura, o un zapato alto resistente. La academia suele proporcionar el casco, llamado gorra de caza. Tras estas lecciones iniciales, el instructor cualificado te proporcionará una lista de normas de vestimenta para tu hijo. Hay muchas tiendas asequibles donde puedes encontrar el equipo adecuado, que incluye: una gorra de caza, un polo, pantalones de montar o de montar, botas de paddock o botas altas, y otros artículos según sea necesario.

Los padres y abuelos deben implicarse mucho con sus hijos. Captad momentos en vídeo y en fotos, hablad de sus progresos y animadles a compartir esos momentos con amigos y familiares. Cuanto más vean los jóvenes jinetes que estás tan entusiasmado como ellos con este nuevo y maravilloso deporte, más prosperarán.

Este gráfico ilustra la progresión de las clases de equitación y el tamaño correspondiente de los ponis o caballos a medida que un joven jinete envejece.

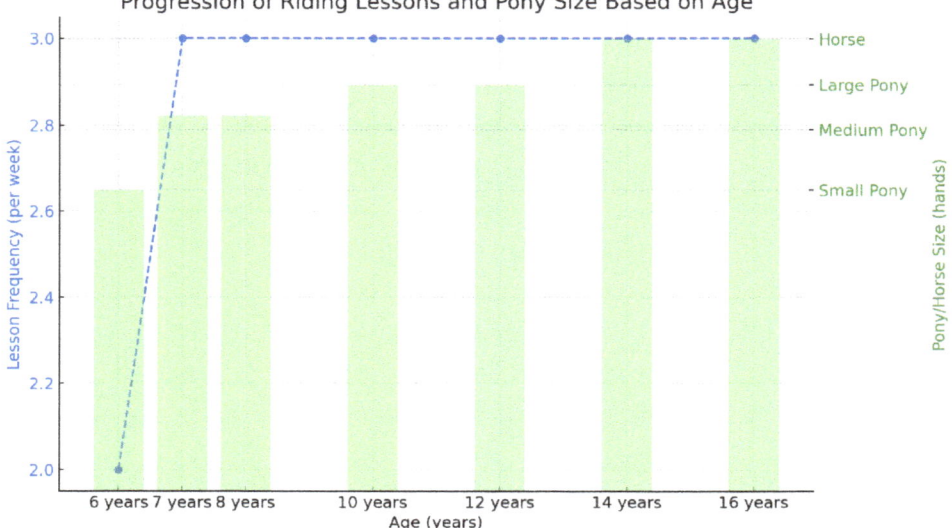

- Eje X (Edad en años): El gráfico sigue la edad del jinete a partir de los 6 años, que es la edad recomendada para empezar las clases formales de equitación.
- Eje Y izquierdo (Frecuencia de las lecciones): La línea discontinua azul muestra la frecuencia de las clases por semana. A los 6 años, se recomienda a los jinetes tomar clases dos veces por semana. A los 7 años, la frecuencia de las clases aumenta a tres veces por semana, frecuencia que se mantiene constante a lo largo de los años posteriores.
- Eje Y derecho (Tamaño del poni/caballo en manos): Las barras verdes representan el tamaño del poni o caballo en manos (unidad de medida en la que 1 mano equivale a 4 pulgadas). El tamaño de la montura aumenta con la edad:
  o De los 6 a los 7 años, el jinete suele empezar con un poni pequeño o mediano (10-12,5 manos).
  o A los 10 años, el jinete pasa a un poni grande (13,5 manos).

○ A partir de los 14 años, el jinete pasa a un caballo de tamaño normal, de unos 15 pies de altura.

Este gráfico destaca el aumento gradual tanto de la frecuencia de las clases como del tamaño del poni a medida que el jinete desarrolla sus habilidades ecuestres, garantizando una progresión segura y equilibrada.

CAPÍTULO 2
EL NUEVO COMIENZO DE NUESTROS JÓVENES JINETES

Ahora que nuestros adultos han tomado una decisión definitiva sobre a qué academia de equitación asistirá su hijo, es el momento ideal para pasar una semana observando otras clases de jóvenes jinetes en curso. Este periodo de observación ayuda a los padres a hacerse una idea del estilo de enseñanza, el ambiente y la dinámica de la academia. Toma notas, tanto si tienes experiencia en equitación como si no. Habla con otros padres para conocer sus puntos de vista, hacer preguntas pertinentes y fomentar un sentimiento de comunidad, que el joven jinete asociará con sus nuevos amigos de la academia.

Estate siempre ahí para animar y guiar, ayudando a tu joven jinete a sentirse apoyado en cada paso del camino.

Considera la posibilidad de celebrar el próximo cumpleaños de tu joven jinete en la academia. Ofrécete voluntario para organizar el acto, invitando a los demás jóvenes jinetes y a sus familias. Esta celebración reforzará la importancia de los lazos afectivos, enseñando a nuestros jóvenes a formar amistades y a apoyarse mutuamente desde una edad temprana. Estas experiencias compartidas crean camaradería y conexión, tanto con sus compañeros como dentro de la comunidad ecuestre.

Los padres o abuelos deben llevar un diario cuando su hijo esté en la academia de equitación: montando, observando, socializando y estando siempre cerca de los animales. Los vídeos son muy importantes para que toda la familia los vea y participe en ellos.

Asegúrate de que tú, el padre o la madre, nunca tengas prisa cuando tu hijo esté aprendiendo a montar. Dentro de este único deporte, el niño o adulto tiene que tener motivación mental y física y disponer del mayor tiempo posible para concentrarse y asimilar su relación con su poni/caballo.

CAPÍTULO 3
MONTAR-DERECHA PRIMERA LECCIÓN

Padres y abuelos, implicaros al 100% en este nuevo y maravilloso capítulo del viaje de vuestro joven jinete. Tu apoyo lo es todo para ellos. Ofrécete como voluntario para cualquier cosa que la academia o tu instructor puedan necesitar o desear. Asiste a acontecimientos especiales como fiestas de cumpleaños y, cuando se acerque el cumpleaños de tu hijo, considera la posibilidad de planificar una celebración memorable con temática de ponis. Invita a otros niños de la misma edad para ayudar a fomentar amistades que crecen a través de experiencias compartidas.

La fiesta de cumpleaños debe girar en torno a los jóvenes jinetes y, por supuesto, al cumpleañero. Haz que sea muy especial con juegos de caballos y ponis que permitan a los niños divertirse con sus ponis. La tarta podría tener un colorido diseño de poni, y cada niño podría colorear y poner nombre a un poni en un papel artístico para llevárselo a casa como recuerdo. Detalles tan sencillos como éstos hacen que el día sea memorable para todos.

En su primera clase, el joven jinete va completamente vestido y lleva siempre una gorra de caza. Aprenderá a acicalar a su poni o caballo, incluyendo técnicas como el curtido y el cepillado. El instructor enseñará al alumno a recoger los pies del caballo (cascos) por la parte inferior y a limpiarlos para que la planta de los pies del caballo quede completamente limpia. Esta rutina de cuidados básicos es esencial que la aprenda el joven jinete. A continuación, el instructor demostrará cómo poner los arreos al poni, y los alumnos observarán cómo coloca los arreos (equipo) al poni.

Aquí tienes una lista de los artículos que se utilizan para acicalar al caballo, así como lo que se necesita para atarlo correctamente:

En la caja de aseo, encontrarás los siguientes artículos:

1. Una caja de aseo (para tamaños infantil y adulto).

2. Un cepillo duro y suave.

3. Una toalla de manos.

4. Un pico para cascos con un extremo en forma de cepillo.

5. Un curry de goma (nunca de acero).

6. Un cepillo de cerdas medianas para crin y cola.

7. Una esponja suave de tamaño medio.

8. Apósito líquido para cascos con un pincel.

9. Aerosol contra moscas en botella pulverizadora y crema contra moscas.

10. Un pulverizador mezclado con agua y aceite de bebé.

11. Un par de guantes de goma o plástico.

12.   Botines y tendones delanteros y traseros.

Esta lista es tu equipo básico para ti y tu caballo o poni. Etiqueta siempre todo tu equipo con el nombre de tu caballo para identificarlo fácilmente.

Ahora, avancemos con nuestro profesor.

El instructor permitirá que el joven jinete camine con el poni o caballo, sujetando las riendas por encima del cuello del poni mientras camina por su lado izquierdo, junto al hombro izquierdo, y se desplaza hacia el centro de la pista, donde se colocará un bloque de montaje.

El instructor pedirá al niño que se coloque en el peldaño superior, y el joven jinete aprenderá a montar correctamente en su poni. El joven jinete sujetará las riendas con la mano izquierda, de espaldas a la parte delantera del poni. Con la mano derecha, cogerá el estribo y colocará el pie izquierdo en él. Se indicará al jinete que se ponga derecho y pase la pierna derecha por encima de la silla, imaginando que es como sentarse en una silla de respaldo recto.

Una vez que el jinete esté en la silla, el instructor le enseñará a deslizar el pie en el estribo derecho, de modo que ambas piernas y pies estén igualmente equilibrados mientras permanecen sentados. En este punto, aprenderán a sujetar cada rienda con cada mano, manteniendo las manos en un ángulo de 45 grados, con los pulgares arriba y las manos cerradas.

Nuestros jóvenes jinetes aprenderán las tres posturas básicas en su primera clase, que se comunicarán mientras el caballo y el jinete están parados para que se sientan relajados y seguros.

La primera posición, llamada posición de 3 puntos, implica tres partes del cuerpo del jinete en contacto con el caballo: manos, asiento y piernas. El jinete se sienta en alineación vertical (imagina una línea recta desde el hombro hasta la cadera y el talón). Ésta es nuestra posición de "equitación en silla de caza" y enseña al joven jinete su centro de equilibrio. El instructor animará al jinete a levantar la caja torácica (en lugar de decirle "echa los hombros hacia atrás", que puede endurecerlos). Aprenderá a cerrar el ángulo de la cadera y a abrir ligeramente la rodilla para no pellizcar ni apretar con la rodilla para mantener el equilibrio. Una vez que estén correctamente sentados en la posición de 3 puntos, practicarán a levantar los huesos del asiento del sillín y a hundirse de nuevo para aumentar la flexibilidad y la agilidad.

La siguiente posición, antes llamada posición de 2 puntos, se denomina ahora posición de medio asiento. Esta posición implica un ligero ángulo hacia delante a través de las caderas, con el jinete deslizando suavemente los huesos del asiento hacia atrás en la silla (el centro de la silla, también llamado base). Se le pedirá que presione los talones hacia abajo desde la pantorrilla, sintiendo cómo el peso se transfiere a los talones. Las manos se mantienen hacia delante con un ángulo de 45 grados, con los nudillos presionando ligeramente la crin del caballo por delante de la cruz. En el medio asiento, dos partes del cuerpo del jinete están en contacto con el caballo:

el asiento y las piernas. La parte superior del cuerpo se mueve ligeramente hacia delante, con un suave bucle en las riendas. Los jinetes practicarán el movimiento entre las posiciones de 3 puntos y medio asiento en intervalos cortos hasta que se sientan cómodos y equilibrados.

La última posición que aprenderán en su primera lección es la posición de 1 punto. En ella, el jinete se mantiene erguido, como si estuviera en el suelo, con los pies separados un metro. Esta posición estira la parte baja de la espalda, las pantorrillas y los talones, al tiempo que eleva la caja torácica. En la posición de 1 punto, la única parte del cuerpo del jinete en contacto con el caballo son las piernas. Para ayudar al equilibrio, el joven jinete puede sujetar la crin del caballo mientras está de pie, lo que le facilita centrarse sin desplomarse.

Esta primera lección sirve de introducción para nuestro joven jinete. Los padres deben grabar la sesión para que el niño pueda revisarla más tarde y ver sus progresos. Los padres también pueden tomar notas en un diario o, si utilizan un iPad, mecanografiar o imprimir las notas para facilitar su lectura. De este modo, el joven jinete puede repasar lo que ha aprendido y sentirse seguro en la siguiente clase.

Aquí tienes el gráfico que ilustra las distintas posturas de equitación en la primera lección, junto con el número correspondiente de puntos de contacto entre el jinete y el caballo:

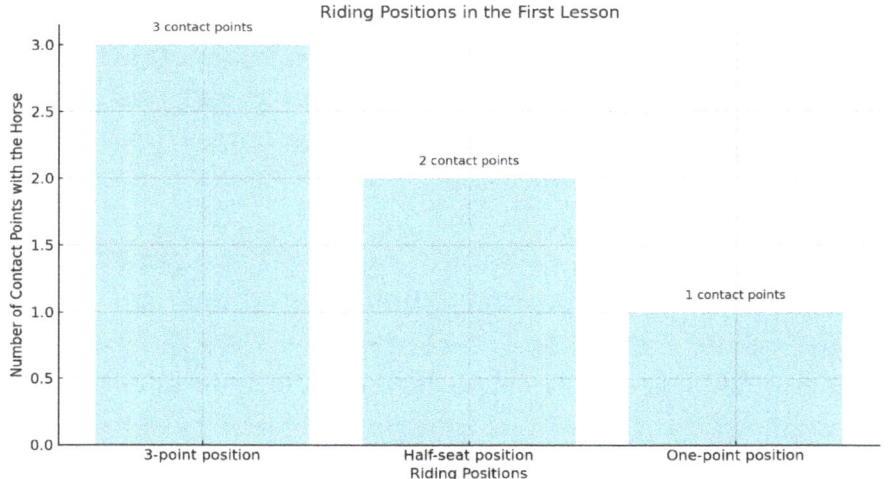

Posición de 3 puntos: Las manos, el asiento y las piernas del jinete están en contacto con el caballo, por lo que es una posición estable con tres puntos de contacto.

Posición de medio asiento (2 puntos): El asiento y las piernas del jinete están en contacto con el caballo, con una ligera inclinación hacia delante, reduciendo los puntos de contacto a dos.

Posición de un punto: Sólo las piernas del jinete están en contacto con el caballo, lo que proporciona un contacto mínimo y permite al jinete mantenerse erguido, ayudando al equilibrio y al estiramiento.

Este gráfico representa visualmente cómo cambia la conexión del jinete con el caballo a medida que se desplaza por diferentes posiciones de equitación, ayudándole a desarrollar el equilibrio, la flexibilidad y las habilidades de equitación.

24

CAPÍTULO 4
MONTAR EN MOVIMIENTO

Después de las cuatro primeras clases, el jinete serio debería tomar dos clases a la semana, con uno o dos días de descanso entre sesiones, y luego la segunda clase dentro de la misma semana. Esta rutina da a los jóvenes jinetes tiempo para asimilar lo que han aprendido, al tiempo que mantienen frescas sus habilidades. Estas sesiones se realizan en una línea de embestida, con un radio de 30-45 pies para un niño y 45-60 pies para un adulto. La clase se imparte totalmente al paso, con intervalos de parada, reforzados por órdenes de voz, siempre con "ho" en lugar de "whoa".

El instructor hará hincapié en la palabra "ho" al jinete, que la repetirá 4-5 veces para reforzar el sonido. A lo largo de la clase, el jinete aprenderá a comunicarse eficazmente con el poni. Aunque los animales no entiendan las palabras, responden bien a los sonidos y tonos coherentes. Al principio de la clase, se indicará al jinete que utilice la palabra "andar" para iniciar el movimiento del poni, junto con una patada suave de ambas patas al mismo tiempo. A continuación, el poni caminará y el instructor recordará al jinete que respire por la boca y por la nariz para mantener la calma y la concentración.

El joven jinete sujetará unas riendas cortas por encima de la cruz del poni y practicará la parada (detención) del poni. Cuando el jinete diga "ho", tirará suavemente hacia atrás con ambas manos a través de los codos. Está perfectamente bien que el jinete diga "ho" más de una vez si es necesario, utilizando una voz tranquila y firme. El jinete aprenderá a detenerse durante un mínimo de 5 segundos, y el instructor le guiará para contar este tiempo. Cada vez que el poni responda positivamente a las órdenes del jinete, éste deberá darle una palmadita en el cuello como recompensa. Esta secuencia se repite 5-6 veces, alternando entre caminar hacia delante y detenerse, hasta que el poni y el jinete se sientan muy cómodos el uno con el otro. El jinete pronto se dará cuenta de que hablar con el animal desarrolla una habilidad de comunicación vital que refuerza su vínculo.

En esta lección esencial, el instructor guiará al jinete en el trabajo en ambas direcciones. (La etiqueta en equitación es empezar siempre "pista izquierda" al entrar en el picadero).

Por ejemplo, al entrar en la pista, el jinete siempre girará a la derecha, lo que hace que su mano interior sea la izquierda (la más cercana al centro de la pista), designando la dirección como "izquierda".

Durante la segunda mitad de la clase, el instructor hará que el jinete cambie a "pista derecha" en la cuerda de estocada, ayudándole a girar al poni en la dirección opuesta. Por ejemplo, si el jinete hace girar al poni hacia la derecha, utilizará la pierna exterior (pierna izquierda) y la mano derecha para guiar al poni hacia la derecha.

Al girar a la izquierda, el jinete utilizará la pierna derecha y la mano izquierda. Estas ayudas a la equitación constituyen la base de una comunicación eficaz entre el jinete y el poni.

Al final de cada lección, el joven jinete practicará el desmontaje del poni hasta el suelo, asegurándose de que ambas piernas/pies aterrizan al mismo tiempo. Para desmontar, el jinete recogerá las dos riendas con la mano izquierda y se sujetará al pomo de la silla con los dedos por debajo. Se levantará en ambos estribos, pasará la pierna derecha por encima de la silla y utilizará la orden vocal "ho" para relajarse. Cuando haya pasado la pierna derecha, permanecerá de pie brevemente y, a continuación, sacará el pie izquierdo del estribo. El instructor sujetará al jinete por la cintura, ayudándole a mantener el equilibrio antes de que se deslice tranquilamente hacia el suelo.

Con la guía del instructor, el jinete llevará las riendas por encima del cuello y la cabeza del caballo, sujetando la hebilla con la mano izquierda y el resto de las riendas 30 cm hacia arriba con la derecha. El jinete observará cómo el instructor sube los estribos por encima de las correas del lado izquierdo y luego afloja la cincha (el cinturón que sujeta la silla). El instructor soltará la primera correa de palanquilla (hay tres), dejándola suelta mientras mantiene sujeta la tercera correa de palanquilla. (La correa de palanquilla del medio sirve de reserva si se rompe alguna de las otras).

A continuación, el jinete seguirá al instructor hasta el lado derecho del caballo, donde tirará hacia arriba del otro estribo para deslizarlo por las bridas. A medida que el jinete vaya ganando confianza, empezará a manejar los cueros y a aflojar la cincha por sí mismo. En la 4ª o 5ª clase, la mayoría de los jinetes pueden hacerlo de forma independiente con la ayuda de su instructor.

CAPÍTULO 5
LLEVAR TU PONI/CABALLO AL LAVADERO

Para el aseo, el jinete y el instructor caminarán juntos por el lado izquierdo del poni y se dirigirán hacia el lavadero, donde el poni fue aseado y atado originalmente. Cuando se acerquen al lavadero, el jinete y el instructor mirarán hacia delante, luego guiarán al poni hacia el lavadero (también llamado lavadero) antes de girar al poni hacia la izquierda y llevarlo hacia delante, a la parte delantera del lavadero. Este enfoque organizado mantiene alineados y seguros tanto al poni como al adiestrador.

El instructor demostrará cómo se quita la brida después de colocar el ronzal alrededor del cuello del poni y atar una cuerda de guía. Empezando con las riendas en la mano izquierda, el instructor desabrochará la correa del cuello alrededor de la garganta del caballo (nuez de Adán). Una vez desabrochada la correa, soltará la muserola, permitiendo que la brida se deslice sobre las orejas del caballo (cabezada). Una vez quitada la brida (con el ronzal y la cuerda de guía ya asegurados alrededor del cuello del poni), el instructor ajustará el ronzal alrededor de la cabeza del poni, llevando la correa del ronzal alrededor de la grupa del caballo (coronilla) y sujetándola a través de la hebilla, con la cuerda de guía aún sujeta.

Una vez que el ronzal esté bien sujeto, se puede quitar la cuerda de la correa y colgarla en el gancho del lavadero. A continuación, se sujeta al poni con dos bridas cruzadas -una a cada lado del ronzal- para mantenerlo seguro en su sitio. En este punto, se puede quitar la silla de montar del lomo del poni y colocarla en el soporte para sillas de montar de la zona de aseo, junto con la brida. El poni ya está listo para el baño (con agua caliente) o para otros cuidados, según sea necesario.

(Una lista de artículos de aseo personal que deben estar siempre disponibles):

1. Un cubo con agua caliente y una esponja.
2. Un cubo con agua jabonosa y una esponja.
3. Un cubo con linimento (preferiblemente Bigeloil o Vetrolin mezclado en agua tibia).
4. Un rascador de aluminio para eliminar el exceso de agua después del baño de jabón.
5. Dependiendo del tiempo que haga, si hace frío fuera o el poni está recién recortado, después de quitarle el exceso de agua, ponle una manta de algodón suave (manta ligera) sobre todo el cuerpo para ayudar a regular su temperatura.

Una vez que el poni esté seco, puedes llevarlo de nuevo a su establo o prado. Si es de noche, o si se espera un tiempo más fresco, se puede poner al poni una sábana de día o una manta para darle más calor.

Tu próxima lección:

El trote ascendente, o trote de desplazamiento, es un movimiento perpetuo al que, cuando se explica correctamente, es fácil que se adapte un jinete joven. Empezaremos enseñando el trote de desplazamiento paso a paso: primero parado, luego al paso y, por último, el trote de desplazamiento propiamente dicho. El instructor hará una demostración de pie en el suelo con las rodillas flexionadas, mostrando cómo el movimiento se origina en la parte baja de la espalda, se desplaza hacia los huesos del asiento y se conecta a través de la cara interna de los muslos, con los ángulos de las rodillas ligeramente abiertos.

El alumno aprenderá que el trote de desplazamiento es un movimiento hacia delante y hacia atrás, que se mueve desde la base (centro) de la silla hacia el pomo (parte delantera) de la silla. Los jinetes deben evitar simplemente rebotar hacia arriba y hacia abajo; en su lugar, deben trabajar para transferir el peso a través de las pantorrillas, hasta los talones y las botas, y permitir que este peso los estabilice. Este enfoque crea una conducción más suave y conectada.

Esta clase se dedicará íntegramente a practicar el trote ascendente, empezando en parado y progresando gradualmente hasta el paso. Asegúrate de abrigarte bien si hace frío, con una chaqueta y una camisa de manga larga, hasta que el jinete esté completamente equipado. El jinete puede empezar con vaqueros de algodón y cualquier bota o zapato que proteja los huesos del tobillo. Para la 4ª clase, debería estar completamente equipado.

Lista de la compra:

Tu instructor te ayudará a guiarte en estas compras, haciéndote recomendaciones y sugiriéndote dónde pedir todos los artículos de equitación esenciales.

1. Jodhpurs (pantalones de montar) con bolsillos y botas de montar cortas (botas de paddock) para jinetes de 10 años o menos.
2. Pantalones de montar con bolsillos, combinados con botas altas de montar negras para niños de 11 a 17 años y todos los aficionados. Opta siempre por botas altas con cremallera y lleva calcetines largos.
3. Un polo, de manga corta o larga.
4. Un par de guantes de montar negros.
5. Un bate, palo o buche corto (de 10 a 12 pulgadas) para tenerlo a mano cuando el instructor permita su uso.
6. Un casco de equitación reglamentario y bien ajustado, con una correa de seguridad bien sujeta.
7. Un cinturón que debes llevar siempre para mayor sujeción y estilo.
8. Lleva siempre zanahorias los días de clase (no terrones de azúcar ni manzanas, por favor).

CAPÍTULO 6
APRENDER EL TROTE SENTADO Y DESPLAZADO

El joven jinete aprenderá ahora a sentarse en el trote sentado, moviéndose a una velocidad de 6-8 millas por hora. A este ritmo, queremos que los jinetes se permitan experimentar un rebote natural, que cree un ritmo y una sensación del movimiento, para que permanezcan centrados en su equilibrio, su centro de equilibrio. El joven jinete sentirá el ritmo, siguiendo un compás sencillo: (1-2, 1-2, 1-2). Los fundamentos son similares a los que se aplican cuando se aprende a andar y a detenerse.

Mientras está sentado al trote, el instructor pedirá al jinete que diga "ho", camine con ambas manos, levante la caja torácica, pise con los talones y vuelva a decir "ho" para detenerse durante 5 segundos. Este ejercicio se repetirá 3-4 veces. A continuación, el jinete invertirá el sentido de la marcha e irá pista-derecha, repitiendo el mismo ejercicio que realizó mientras iba pista-izquierda.

Cuando introduzcamos el trote de posta y enseñemos al jinete a posar, convertirá el rebote en un movimiento hacia delante y hacia atrás llamado empuje pélvico. El objetivo es que el jinete "roce" suavemente la silla mientras se desliza desde la base de la silla hasta el pomo (parte delantera). Sólo se engancharán los huesos del asiento, trabajando con la cara interna de los muslos y la pelvis, evitando el uso de las rodillas para el apoyo. A veces, los instructores utilizan frases como "arriba y abajo, adelante y atrás, y 1-2-3-4" para ayudar al jinete a seguir el movimiento.

El instructor hará que el jinete se quede quieto y se acercará, colocando su mano derecha en la parte baja de la espalda del jinete y su mano izquierda en la rodilla del jinete. Abrirá suavemente la rodilla y apoyará la parte baja de la espalda, ayudando al jinete a rozar la silla, avanzar y asentarse en la base de la silla.

El trote ascendente (trote de desplazamiento) se realizará a un ritmo ligeramente más rápido, de 8 a 10 millas por hora, lo que crea más energía de rebote y facilita que el jinete mantenga un movimiento continuo a través de los huesos del asiento. De pie junto al jinete, el instructor también puede demostrar cómo es el movimiento de desplazamiento, ya que una demostración visual a menudo puede transmitir más que las palabras. Recordará al jinete que debe dirigir todo el peso del cuerpo hacia los talones. Cuando el jinete empiece a sentir relajación en la parte baja de la espalda, los huesos del asiento y la cara interna de los muslos, y el peso se desplace de forma natural hacia las piernas y los talones, el movimiento de desplazamiento se desarrollará por sí solo y surgirá un ritmo natural.

Aprender a posar al trote ascendente sigue el mismo principio que aprender un paso de baile: entender cómo mover el cuerpo a un compás constante, con el ritmo de 1-2, 1-2, 1-2.

Durante las tres lecciones siguientes, el jinete practicará todas las técnicas enseñadas por el instructor, trabajando para perfeccionar el verdadero movimiento del trote ascendente (trote de desplazamiento). La sesión concluirá con la transición del jinete de nuevo al paso y terminará con un alto, utilizando las órdenes de voz: "ho paso" y "ho". Este ejercicio se completa en la cuerda de estocada, lo que permite al alumno centrarse en su movimiento de desplazamiento, hundiendo los talones y comunicándose con su poni. Se anima a los padres a que graben la sesión y tomen notas en su diario, captando los progresos del jinete.

He aquí el gráfico que ilustra la comparación de la velocidad cinética para las dos técnicas esenciales del trote:

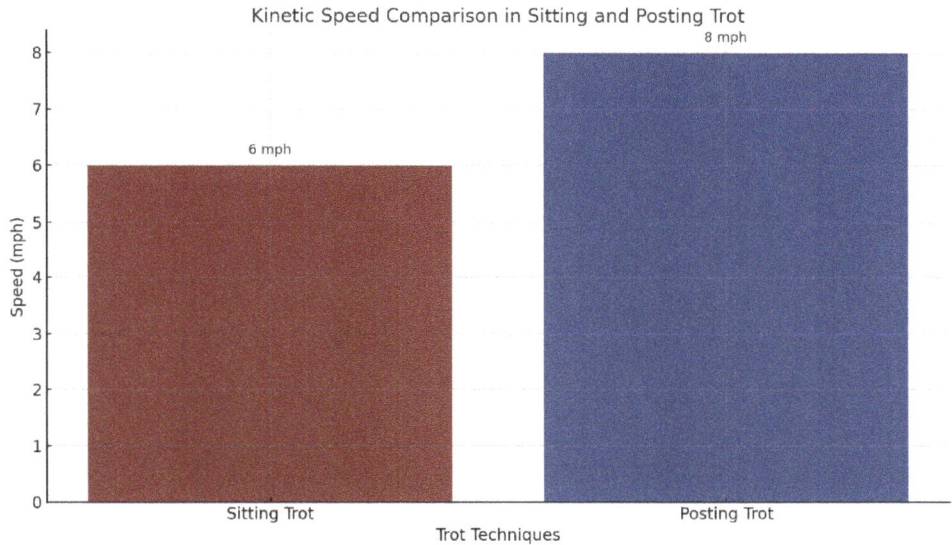

Trote sentado: La velocidad se establece en 9 km/h, donde el jinete se sincroniza con el rebote vertical del caballo, manteniendo el equilibrio y la conexión.

Trote de posta: A 8 mph, el jinete emplea un movimiento de empuje hacia delante, levantándose de la silla al ritmo del movimiento del caballo, centrándose en el equilibrio a través de las piernas y los huesos del asiento.

Este gráfico destaca la diferencia de velocidades y la progresión técnica necesaria para dominar estas técnicas de trote.

CAPÍTULO 7
MONTAR POR TU CUENTA

Tu instructor está en la pista con el joven jinete, pero ahora éste se enfrenta a su siguiente gran prueba de comunicación con su poni. Para entonces, el joven jinete ya ha montado una docena de veces. La confianza se ha asentado, la relación entre el jinete y el poni es muy cómoda y el jinete confía plenamente en el instructor. Se han establecido las bases, pero el jinete debe recordar que aún no está preparado para montar solo.

Para empezar, el instructor guiará al jinete por el camino de la izquierda al paso, contando cada zancada en voz alta: 1-2-3-4, con cada paso diagonal del poni midiendo aproximadamente de 8 a 10 pies en un poni de entre 13 y 14 manos de altura. Después de cada 10 ó 12 zancadas, el jinete pedirá al poni que se detenga con un suave "ho" (nunca "whoa") y un ligero tirón de las riendas. Esta parada regular cada 10-12 zancadas es un logro importante para el joven jinete, el instructor y los padres.

Esta lección se repetirá en las 2-3 sesiones siguientes hasta que el joven jinete esté preparado para más. En ese momento, avanzarán hacia el trote sentado y desplazado, haciendo uso de toda la pista. Los jinetes principiantes empezarán a sentirse positivos respecto a su progreso, ganando confianza en sí mismos a medida que el instructor les guíe hacia la equitación por su cuenta.

A estas alturas, el jinete principiante ha completado aproximadamente 16 lecciones bajo instrucción. Se ha sugerido que los alumnos monten un mínimo de dos veces por semana, por lo que en unos 2 meses habrán alcanzado este hito de 16 lecciones. Siempre que el instructor siga un enfoque de enseñanza coherente, se alcanzarán estos objetivos. En ocasiones, los instructores pueden distraerse o preocuparse, lo que afecta a su concentración y, en última instancia, a la del alumno. Un instructor desconcentrado no es una ventaja. El instructor debe centrarse siempre al 100% tanto en el jinete como en el caballo o poni.

Por eso he escrito este libro de instrucciones para principiantes, tanto para instructores como para padres.

En las siguientes clases de las 3-4 semanas siguientes (montando dos veces por semana, si es posible), el joven jinete o el adulto principiante montará en un picadero más pequeño o en la mitad de uno más grande. Por ejemplo, en un picadero de 100x200, podrían montar en una mitad, o en un corral redondo que mida al menos 60x90 pies. Este espacio más pequeño permite que el jinete se sienta libre y seguro mientras adquiere confianza.

En su primera clase en solitario, el instructor repasará todo lo aprendido de los capítulos 1 a 7. El jinete puede estar a la vez emocionado y un poco nervioso por demostrar lo que ha aprendido. Se sentirá tranquilo sabiendo que el instructor está a su lado, verbal, física y mentalmente. Estas sesiones iniciales en solitario son cruciales para que el jinete adquiera confianza en sí mismo.

Las 3-4 semanas siguientes son fundamentales para que el jinete principiante desarrolle una confianza total mediante la práctica constante en cada lección. Corresponde al instructor coordinar cuidadosamente estas lecciones, manteniendo un plan de enseñanza claro y coherente para que se refuerce cada habilidad.

Antes de cada una de las siguientes clases, después de que el jinete haya montado, el instructor y el jinete se tomarán un momento para discutir el plan del día. El instructor debe explicar claramente lo que van a repasar con instrucciones sencillas, paso a paso. Desglosar cada parte del ejercicio ayuda al jinete a centrarse en un aspecto cada vez.

Por ejemplo, el instructor puede decir: "Camina, luego detente con una orden de voz, 'ho'", tal y como se enseñó inicialmente. A continuación, repasarán cada uno de los ejercicios aprendidos en las 16 primeras lecciones, reforzando las crecientes habilidades del jinete y su comodidad en la silla.

El entrenador Michael ha entrenado a más de 5000 alumnos a lo largo de su carrera, de edades comprendidas entre los 6 y los 75 años. Antiguo

CAPÍTULO 8
REPASA TODO LO QUE HAS
APRENDIDO HASTA AHORA

1. Entra en el establo con el instructor, aprendiendo a ponerle el ronzal y la cuerda de guía y a quitarle la manta o la sábana de día al caballo.
2. Lleva al caballo al lavadero o al cepillo. Haz entrar al caballo con el instructor, dale la vuelta y sujeta las crucetas a las anillas del ronzal.
3. El instructor demostrará cómo acicalar al caballo. Después de ver cada paso, el alumno utilizará las mismas herramientas de acicalamiento para practicar por su cuenta.

4. Enganchar al poni o al caballo: Empieza por ponerle las botas, luego la mantilla y, por último, la silla. Coloca la cincha en el lado de fuera (lado derecho), sujetándola a través de las correas de palanquilla, utilizando 2-3 agujeros hacia abajo. A continuación, ve al lado de montaje (lado izquierdo) y une la cincha a las correas de palanquilla mediante otros 2-3 agujeros. Una vez asegurada la silla, coge la brida, desabrocha el ronzal y abróchalo alrededor del cuello del poni o caballo. Con la cabeza del caballo libre, puedes ponerle la brida y abrochar todas las correas.

   o Si el poni o caballo utiliza una martingala de pie (nunca una martingala de correr), se explicará en otro capítulo. La martingala va por encima de la cabeza y baja hasta el pecho, con la correa inferior sujeta a la cincha. El instructor te guiará paso a paso.

   o Para ajustar la cincha, desabrocha la hebilla del lado de la monta, levanta el faldón de la silla donde estaba abrochada la cincha y desliza el lazo a través de la cincha para centrarla bajo el centro del barril del caballo. Tu instructor te ayudará a atar completamente al caballo, asegurándose de que todo esté bien sujeto.

   o Una vez que tu caballo esté completamente atado, haz los últimos ajustes. En el lado contrario, aprieta la cincha uno o dos agujeros más, utilizando las correas del primer y tercer tocho. Ahora tú y tu instructor estáis listos para llevar a tu montura a la pista para la monta.

43

5. Camina con tu instructor por el lado izquierdo del caballo hacia la pista. Luego acércate al bloque de montaje y observa cómo el instructor aprieta la cincha por última vez para asegurarse de que está bien sujeta. Ya estás listo para montar.

6. Sigue los pasos que se indican a continuación, repasando lo que aprendiste en tus primeras 12-16 lecciones. Esta progresión depende de la evaluación de tu instructor sobre tu preparación para avanzar, lo que puede ocurrir antes de las 16 lecciones.

Pasos para la revisión:

1. Montando a tu caballo.
2. Desmonta tu caballo.
3. Practica las tres posiciones de conducción (posiciones de 1, 2 y 3 puntos). Recuerda que la posición de 2 puntos se denomina ahora "medio asiento".
4. Camina y detén a tu caballo utilizando la orden de voz "ho", no "whoa".
5. Caminar y trote sentado, y luego detener al caballo con "ho".
6. Caminar y subir al trote (aprender a posar), luego sentarse profundamente en la montura, con los talones hacia abajo, y detener al caballo.
7. Gira a tu caballo hacia la derecha y hacia la izquierda utilizando la mano y la pierna opuesta.

8. Hacer grandes círculos (20 metros) en ambas direcciones, empezando por el paso, luego el trote sentado y, por último, el trote de desplazamiento, terminando con un alto.

9. Retira todos los aperos del lavadero y baña a fondo al caballo, lavándole la cara, la parte inferior del vientre y entre las patas traseras con una esponja, y retirando después el exceso de agua.

10. Pasea al caballo de vuelta a su establo y ponle su sábana o manta de día. Recompénsalo siempre con una zanahoria

CAPÍTULO 9
APRENDIENDO TUS DIAGONALES

Durante muchos años, las diagonales se enseñaron de forma incorrecta y, como resultado, muchos jinetes siguen mirando hacia abajo para comprobar o encontrar sus diagonales correctas hasta el día de hoy. Tradicionalmente, se enseñaba a los jinetes a posar (utilizando el movimiento del hueso del asiento y la pelvis) y a levantarse al trote cuando la pata delantera exterior del caballo, la que está junto a la barandilla de la arena, se movía hacia delante. Sin embargo, este método no ayuda al jinete a aprender correctamente las diagonales. En su lugar, cuando la pata delantera exterior o el hombro del caballo se mueven hacia atrás, hacia el jinete, éste debe subir inmediatamente al trote de colocación. Esto sincroniza el ritmo entre caballo y jinete.

A lo largo de esta lección, el jinete -niño o adulto- se centrará en sentir y encontrar la diagonal correcta tanto al paso como al trote sentado. Al dar marcha atrás para practicar la diagonal opuesta (pista derecha), el jinete se centrará en la pata delantera exterior izquierda o en el hombro. Cuando se mueva hacia atrás, empezará inmediatamente a colocarse en la diagonal correcta. Este método ayuda al jinete a aprender y sentir correctamente sus diagonales.

Un ejercicio útil para aprender las diagonales es utilizar la palabra "atrás" como indicación verbal. Cada vez que el jinete sienta que la pata delantera exterior del caballo en la barandilla de la arena retrocede , dirá "atrás, atrás, atrás" mientras practica tanto al paso como al trote sentado. El instructor guiará al jinete para que mire la pata delantera exterior o el hombro del caballo para verificarlo, y el jinete lo confirmará con el instructor cuando lo haya hecho bien. Los errores forman parte del proceso de aprendizaje y, poco a poco, el jinete desarrollará la capacidad de sentir el ritmo correcto a través de su cuerpo -especialmente en la parte baja de la espalda y el asiento-, comprendiendo cómo se mueve el caballo debajo de él.

Es esencial que el jinete comprenda que al paso, al trote sentado y al trote de subida, el caballo mueve las patas en diagonal: la pata delantera derecha con la pata trasera izquierda, y la pata delantera izquierda con la pata trasera derecha. El alumno practicará esto al paso, en ambas direcciones de la pista, con el objetivo de lograr cuatro diagonales correctas consecutivas. Cuando lo consiga, volverá al trote sentado, luego al paso y, por último, se detendrá, todo ello con órdenes de voz.

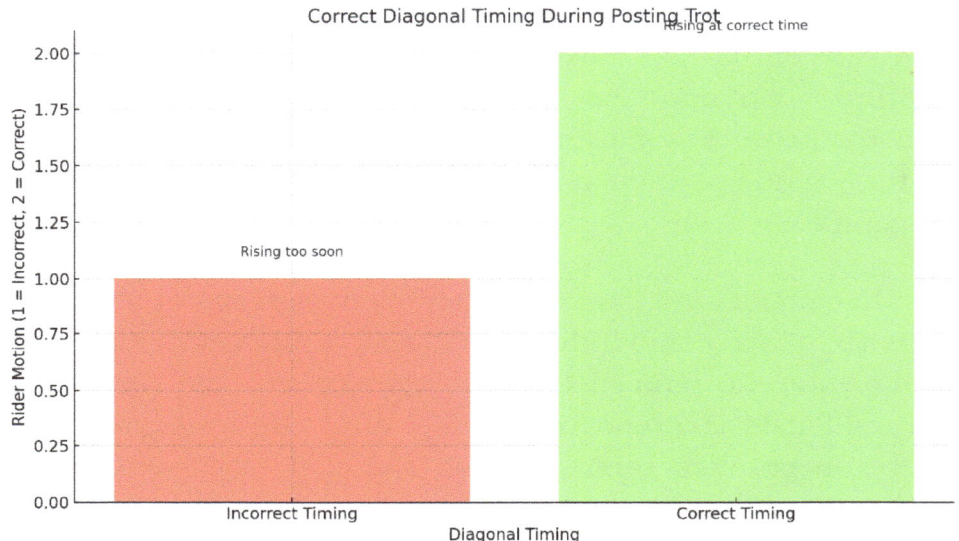

Antes de cada clase, el jinete debe entrar en la pista a pie y llevar una botella de agua, entregándosela al instructor. Esto permite al instructor hacer que el jinete se detenga a intervalos durante los ejercicios, asegurando las pausas de hidratación necesarias. Disponer de agua en cada lección es esencial para mantener la energía y la concentración.

Al subir a la diagonal correcta en el trote de colocación desde el paso, el jinete debe pedir al caballo que trote hacia delante mientras mantiene un poco más de peso en el hueso exterior del asiento (junto a la barandilla de la pista). Esto le ayuda a sentir que la pierna y el hombro del caballo retroceden, lo que le permite subir al trote con confianza, aterrizando en la diagonal correcta sin vacilar.

Cronometraje incorrecto: El jinete se levanta demasiado pronto, normalmente cuando la pata delantera exterior y el hombro del caballo se adelantan, lo que provoca un desequilibrio y una falta de sincronización entre el jinete y el caballo.

Momento correcto: El jinete se levanta en el momento correcto, cuando la pata delantera exterior y el hombro del caballo se mueven hacia atrás, lo que garantiza que tanto el jinete como el caballo estén en armonía, creando un trote más suave y equilibrado.

Esta representación visual aclara cuándo el jinete debe empezar a desplazarse para mantener el ritmo y la alineación correctos con el movimiento del caballo.

CAPÍTULO 10
POSTES Y CAVALETTI'S

Cuando enseño lo básico, siempre empiezo a los alumnos con ejercicios de paso y trote sobre pértigas y cavaletti. Los cavaletti son tres o más postes colocados a una distancia aproximada de 4 pies para un poni grande o un caballo mediano. El objetivo principal de estos ejercicios, mientras los alumnos aún están al paso, al trote sentado y al trote de posta, es fomentar la confianza. Este enfoque también aumenta la valentía del jinete y su confianza en las capacidades de su caballo.

La primera mitad de la clase se centrará en el trabajo en llano con el instructor, moviéndose en ambas direcciones por el ruedo al paso, al trote sentado y al trote lateral. Antes de pasar al trabajo con pértiga, el instructor hará que el jinete practique las posiciones de 1, 2 y 3 puntos. La posición de 1 punto consiste en permanecer de pie en los estribos y sujetar la crin del caballo con la mano exterior durante 10 segundos. A continuación se pasa a la posición de 2 puntos (también llamada de medio asiento, con una posición modificada para evitar el desplome) y luego se vuelve a la posición de 3 puntos. Una vez que el jinete se sienta cómodo con las tres posiciones en ambas direcciones, se tomará un descanso de 5 minutos para relajarse, tomar algo y dejar que el caballo también se relaje.

A continuación, la lección pasa al trabajo con pértigas. En la arena, coloca cuatro postes alrededor del ring: dos postes a lo largo del lado largo en el centro y uno en cada lado corto del ring. Una vez que el jinete haya caminado alrededor de la pista en la posición de 3 puntos, el instructor le hará repetir el paseo en las posiciones de 1 punto y medio asiento. En el centro de la pista, coloca tres cavaletti a unos 3 ó 4 pies de distancia, dependiendo del tamaño del poni o caballo.

Para concluir la lección de hoy, el jinete caminará sobre el cavaletti en ambas direcciones. Caminará hasta el final de la pista, se detendrá durante cinco segundos, dará la vuelta al caballo y volverá a pasar por encima del cavaletti, deteniéndose de nuevo durante cinco segundos. Este ejercicio se repetirá tres veces en cada dirección.

"Ahora, a tu próxima sesión de enseñanza".

Una vez que el alumno ha adquirido confianza y comprensión, es hora de incorporar el paso y el trote de desplazamiento sobre los cuatro postes exteriores. El instructor hará que el alumno trote sobre los tres cavaletti en ambas direcciones, deteniéndose durante cinco segundos en línea recta al final de la pista. Este trabajo de pértiga y cavaletti se abordará tanto en la posición de tres puntos como en la de medio asiento.

La primera mitad de esta clase consistirá en un repaso de calentamiento con el instructor en llano. Esto incluye el paso en ambas direcciones, el trote sentado y el trote de desplazamiento, prestando atención a las diagonales correctas y practicando las tres posiciones de monta. El paso y ambos trotes se guiarán con órdenes de voz, terminando cada segmento con un alto de cinco segundos para reforzar el control y la comun

CAPÍTULO 11
APRENDER EL GALOPE

(ENSEÑAR LOS FUNDAMENTOS DE LA POSICIÓN Y LA SALIDA DE LOS JINETES)

Al principio, el jinete y el instructor se colocan uno al lado del otro en el centro de la pista. El instructor empieza repasando la posición de 3 puntos con el jinete, y luego le demuestra cómo desplazar su pierna exterior ligeramente por detrás de la cincha, mientras la pierna interior del jinete permanece en la cincha. El instructor se moverá a ambos lados del caballo para demostrar físicamente la posición correcta de las piernas y guiar al jinete sobre cómo enganchar ambas piernas.

De los tres aires naturales de un caballo (paso, trote, galope), el galope es el más fluido y, en el 90% de los casos, el más cómodo para los jinetes. A menudo puede ser útil que un jinete más experimentado demuestre una salida al galope tanto al paso como al trote, ya que este ejemplo visual beneficia a los alumnos observadores. El galope sigue un ritmo de 3 tiempos, que se cuenta mejor como "1 y 2, 1 y 2". Algunos instructores pueden utilizar "1, 2, 3, y 1, 2, 3", pero esto es incorrecto y debe evitarse. La equitación, en muchos sentidos, tiene un ritmo similar al de la música y debe oírse y verse.

Para entrenar con éxito el galope, es esencial contar con caballos bien adaptados en el programa del picadero. Un caballo de picadero adecuado hará una transición suave hacia un galope suave y cuesta arriba, permitiendo que el jinete se sienta cómodo y confiado mientras experimenta el paso extendido del caballo. Recomiendo encarecidamente que, para sus primeros intentos de galope, se lleve a un jinete niño o adulto al centro de la pista y se le coloque una cuerda de estocada. La cuerda debe atarse a través del bocado, por la coronilla del caballo, y fijarse a la anilla opuesta del bocado, dando al instructor un control suave pero eficaz sobre la cabeza y el cuello del caballo.

Como el jinete ha practicado en la cuerda de estocada en sesiones anteriores, ya debería sentirse cómodo caminando, deteniéndose y trotando, utilizando posturas de monta y órdenes de voz adecuadas. Una vez que el jinete se sienta a gusto en un círculo de 20 metros (aproximadamente 67 pies de circunferencia), el instructor le hará caminar, luego se detendrá brevemente para tomar un trago y relajarse antes de continuar la sesión con la práctica del galope.

Para iniciar el galope, el instructor guiará al jinete para que camine enérgicamente hacia delante. Sentado en posición de 3 puntos, el jinete coloca la pierna exterior ligeramente detrás de la cincha, con la punta del pie inclinada hacia fuera y el talón hacia abajo, mientras que la pierna interior permanece en la cincha. Con la mano izquierda, el jinete gira suavemente la cabeza y el cuello del caballo ligeramente hacia dentro, manteniendo un ligero contacto con la boca del caballo. A continuación, el jinete debe apretar suavemente o dar una patada suave con la pata exterior y puede añadir un sonido de "cacareo" o "beso", apretando al mismo tiempo con la pata interior en la cincha para indicar al caballo que entre al galope.

Durante este proceso, el instructor mantiene un control total sobre el caballo mediante la cuerda de estocada, lo que permite al jinete centrarse en sentarse y mantener el equilibrio. Se anima al jinete a que agarre un poco de la crin del caballo o se sujete al pomo de la silla para mayor seguridad, si es necesario. El caballo y el jinete galoparán juntos durante 4-6 zancadas antes de que el instructor pida al jinete que diga "Ho" (nunca "Whoa"), señalando el regreso al paso con un ligero tirón de la rienda exterior y un suave toque de la rienda interior. El caballo bien adiestrado debería volver a caminar con suavidad.

Este ejercicio de galope se repetirá 3-4 veces durante la sesión. Con cada repetición positiva, tanto el jinete como el caballo se sienten más cómodos y confiados, reforzando su vínculo. Este proceso construye una relación positiva entre el caballo, el jinete y el instructor, estableciendo la confianza mutua. Juntos, el instructor y el jinete contarán el ritmo del movimiento del caballo como "1 y 2, 1 y 2". Nunca enseñes el ritmo como "1-2-3, 1-2-3", ya que es incorrecto y puede alterar la sensación natural del jinete para el galope.

La confianza del jinete en el instructor ha crecido, y el papel del instructor sigue siendo animar al jinete, reforzando que es capaz de sobresalir en sus habilidades de equitación

CAPÍTULO 12
LA PRÓXIMA SESIÓN DEL JINETE, TODO EL TRABAJO BÁSICO EN LLANO SE REUNIRÁ AHORA

Una sesión completa de equitación comienza utilizando la mitad de la pista, con el jinete empezando siempre por la izquierda (la mano interior del jinete indica la dirección en la que se dirige). Durante las siguientes 6-10 sesiones, el instructor se centrará en desarrollar las habilidades básicas del jinete mediante un trabajo dedicado en llano, practicando el paso , el trote sentado, el trote de desplazamiento, el galope y las transiciones suaves hacia arriba y hacia abajo.

Con el duro trabajo y las habilidades que el jinete ha desarrollado, es esencial que, durante estas 6-10 sesiones, el instructor se concentre en el uso por parte del jinete de las tres posiciones clave en la silla. Esta repetición y concentración en la posición solidificará el equilibrio, la postura y el control general del jinete, creando una base sólida para la equitación futura.

La atención diligente del instructor a estas áreas durante las sesiones en llano ayudará al jinete a ganar confianza y dominio sobre cada transición, preparándole para maniobras más avanzadas con un sentido más profundo del ritmo y el control.

Repasemos: La posición de 3 puntos es una posición natural de equitación, con tres partes del cuerpo del jinete en contacto con el caballo: manos, asiento y piernas. La posición de 2 puntos (que ahora se enseña en como posición de "medio asiento") suele malinterpretarse. Muchos instructores y entrenadores enseñan la posición de 2 puntos, pero los jinetes tienden a subir el cuerpo por el cuello del caballo, y es simplemente feo. El medio asiento permite al caballo saltar por encima de sus vallas. En el medio asiento, el jinete tiene dos partes del cuerpo en contacto con el caballo (el asiento y la pierna). Sus manos están ligeramente extendidas hacia delante, subiendo por la cresta del caballo. ¡Ésta es la posición correcta del jinete! El cuerpo hiperactivo del jinete no obstaculiza el rendimiento del caballo. Esto ayudará al jinete a mantenerse abierto a través de su caja torácica. Al mismo tiempo, el ángulo de la cadera del jinete está cerrado mientras ambos están en el aire.

La posición de un punto es la posición de ejercicio para mantener el equilibrio, fortalecer la pierna del jinete y la flexión que desciende hasta los talones del jinete. La posición de un punto es cuando la pierna está sujeta al caballo mientras el asiento del jinete y la parte superior de su cuerpo están rectos fuera de la silla. Con el tiempo, el jinete adoptará esta posición de un punto al paso, al trote y al galope. Siempre puede agarrar la crin del caballo con la mano interior para mantener el equilibrio.

En el futuro, el jinete pasa de jinete principiante a jinete principiante, luego a jinete principiante, a jinete intermedio y, por último, a jinete avanzado. Mientras el jinete sigue mejorando, asistirá a concursos hípicos de práctica, concursos hípicos escolares y concursos hípicos comarcales hasta que esté cualificado para ir a un Concurso Hípico Clasificado

Durante las siguientes 6-10 sesiones, el Instructor empezará a hacer pruebas de 2-3 minutos en llano para el jinete. Ésta es una parte esencial del crecimiento mental de todo jinete. (No empezaríamos estas pruebas en llano antes de que el jinete tenga ocho años). Los jinetes jóvenes que no tengan al menos ocho años continuarán con su trabajo en llano

Las pruebas se realizarían en los últimos 5-7 minutos de la sesión del jinete. He aquí algunos ejemplos.

Prueba nº 1. Se pide al jinete que se alinee en el medio (centro) de la pista, que los Jinetes descubren que en todos los Deportes Ecuestres, siempre es el medio de la pista; este centro de la pista se conoce como la Letra "X".

Se indica a los jinetes que bajen trotando hasta el final del ring en línea recta y, al final del ring, giren para tomar la pista a la izquierda. Continúan hasta el final del ring y vuelven a bajar por la línea central al final del ring, y tomarán la pista-derecha, manteniéndose en el trote de trabajo subiendo, aconsejándoles que cambien su diagonal a la letra-X mientras cambian de dirección. A continuación, se le indicará que baje por el centro de la pista, pero al desviarse de la pista derecha, deberá demostrar un trote sentado en línea recta, y luego se le indicará que vuelva al paso dos zancadas antes de la letra-X y que se detenga en la letra-X. Su primera prueba. Segunda prueba. De nuevo, en los últimos 7-10 minutos de su sesión, harían su prueba. (Estos son sólo ejemplos, ya que el Instructor puede hacer cualquier prueba que considere adecuada).

Prueba nº 2, El jinete se alinea en la letra X, cuenta hasta 5 (5 segundos) y luego sale al trote sentado. Al final de la pista, el jinete sigue hacia la derecha; al girar a la derecha, el jinete pide al caballo que entre en trote de trabajo levantándose.

El jinete permanece al trote de trabajo alrededor de la pista hasta llegar al centro del lado corto de la pista, donde antes había girado a la derecha. Esta vez, al trote de trabajo subiendo por la línea central, muy recto, y a la letra-X, el jinete volverá al trote sentado sobre los postes de gimnasia y los Cavaletti. Al final de la pista, el jinete girará a la izquierda (pista izquierda) e inmediatamente pasará al trote de trabajo, elevándose y continuando por el lado largo de la pista en la diagonal correcta, para lo cual el Instructor recordará al jinete que, una vez que haya cruzado la letra "X", deberá girar y pasar del trote sentado al trote de subida en su diagonal correcta, y continuar hacia delante, acercándose al lado corto de la arena girando a la izquierda, y mirará hacia la línea central en la letra-X volverá a bajar al trote sentado, y una vez más el jinete utilizará su mando de voz dos zancadas antes de la letra-X y dirá "HO" Camina y en la "X" el jinete dirá "HO" El Instructor hará muchas pruebas como ésta después de las 6-10 sesiones que acaban de completar. Cuando el Instructor considere que el jinete está preparado, se añadirá el Galope a la actuación a medida que las pruebas resulten cómodas.

CAPÍTULO 13
PISO

La gimnasia, es decir, los bastones de suelo y los cavaletti, implica un trabajo llano preparatorio al paso, al trote y al galope. A continuación, el jinete combina las fases llana y gimnástica como un ejercicio completo. La areana sería de 100x200 en cada lado largo una línea de 58 de largo con un poste de suelo y el principio y el final de los 58 pies sobre los que cabalgaría el caballo/jinete.

El otro lado del ring tiene 45 pies con un poste al principio y al final sobre el que el jinete trotaría para demostrar ambos en el dibujo.

Nota: El cambio de diagonal debe hacerse siempre en la letra "X", excepto al cambiar de dirección mediante un medio giro o un medio giro a la inversa. Si el jinete cruza desde una de las cuatro esquinas por el centro del anillo -también designado como "X"-, debe cambiar sistemáticamente su diagonal en la "X".

El uso vocal de "ho" para detenerse durante 5 segundos es MUY importante. Si es inferior a 3 segundos, el jinete debe moverse de su posición de parada correcta. Lo mejor es cambiar el alto por un alto de 5 segundos, y nuestros jinetes tomarán su firme de 4 segundos en los altos. Según nuestro libro de reglas de usuario, la parada dura 4 segundos. Sin embargo, esto debe cambiarse. Muchos instructores y entrenadores no hacen hincapié en la importancia de una parada completa. Con la regla de los 4 segundos, muchos jinetes pueden llegar a los 3 segundos y apartarse.

El entrenador Michael ha sido entrenador olímpico desde 2003 hasta 2024

Al cambiar a una parada de 5 segundos, con disciplina, los jinetes jóvenes, júnior y aficionados aprenderán a permanecer PARADOS durante al menos 5 segundos. Cuando el caballo y el jinete se retiren, deben hacerlo en línea recta, continuando su prueba o saliendo de la pista. Evita siempre abandonar la pista de forma descuidada , ya que esto demuestra respeto por el juez, los compañeros jinetes y los espectadores.

Cuando el jinete de exhibición salga de la pista andando y complete su ronda, podrá desmontar una vez fuera de la pista de exhibición, moviéndose a un lado de la línea central en "X". A continuación, deben caminar por la línea central en su posición de 3 puntos con los talones hacia abajo, mientras el jinete sigue siendo juzgado. Ocasionalmente, el juez observará brevemente para ver si el jinete muestra seriedad respecto a las competiciones hípicas y demuestra sistemáticamente un ejemplo firme con una posición de 3 puntos adecuada y la espalda recta.

Aquí está la visualización actualizada que muestra el anillo de 100x200 pies con dos conjuntos de postes de tierra en los lados largos:

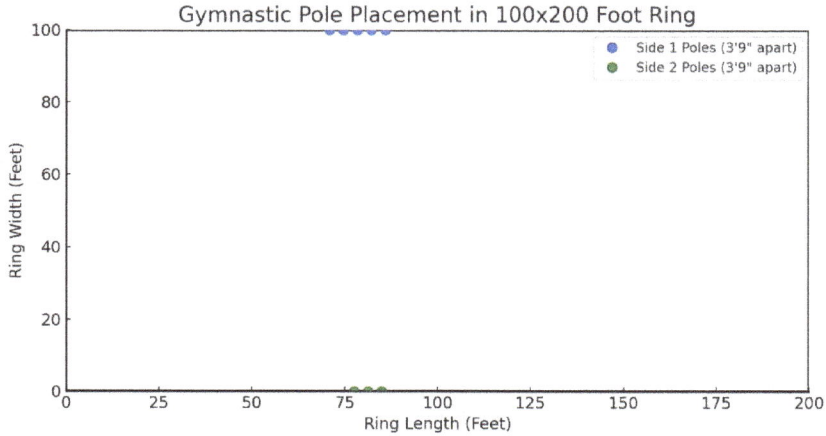

Lado superior (Lado 1): 5 postes separados 3'9", centrados en una sección de 58 pies a lo largo de los 200 pies de longitud.

Lado inferior (Lado 2): 3 postes separados 3'9", centrados en una sección de 45 pies.

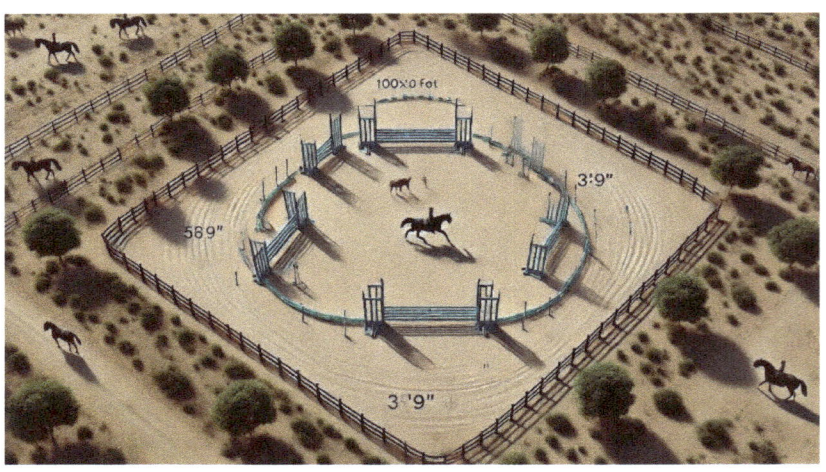

CAPÍTULO 14
DOMINAR LA CONFIANZA Y EL CONTROL

Camina hacia delante, y cuando te acerques a la esquina del anillo cerca del lado largo, haz un medio giro (giro amplio).

Definición: Un medio giro consiste en girar hacia el centro de la pista en forma de medio círculo. Mira hacia delante y sigue una línea diagonal en el camino de vuelta a la barandilla, luego continúa por la pista hacia la derecha, manteniéndote a lo largo de la barandilla (el perímetro exterior de la pista).

Retoma el trote de trabajo, levantándote en la diagonal correcta. Trota hacia delante hasta que llegues a la mitad del lado corto opuesto, luego vuelve al paso utilizando una combinación de señales de voz, mano, asiento y pierna ("HO-WALK"). Camina hacia delante, luego pide a tu caballo que vaya al galope desde tu asiento y pierna, con la pierna izquierda ligeramente desplazada por detrás de la cincha. Añade un cloqueo si es necesario para llamar la atención de tu caballo, y establece un ritmo de galope constante: 1 y 2, 1 y 2, 1 y 2.

Cuando te acerques al lado corto opuesto, pide a tu caballo que vuelva al paso y luego que se detenga, utilizando las órdenes "HO-WALK" y "HO". Detente durante 5 segundos, dale una palmada en el cuello a tu caballo y vuelve a alinearte con los demás caballos. A continuación, el instructor llamará al siguiente jinete para que realice la misma prueba en llano hasta que todos los caballos hayan completado su turno.

COACH MICHAEL

Cuando el último caballo y el último jinete hayan terminado, el instructor hará preguntas a los cuatro jinetes sobre cada una de sus pruebas en llano. Se animará a cada alumno a que hable, compartiendo sus opiniones sobre su monta en general. El instructor también pedirá a los jinetes que hagan comentarios constructivos sobre otra combinación caballo-jinete.

Es esencial que todos los jinetes, independientemente de su edad, completen estas pruebas. Aunque el instructor puede modificar las pruebas para los jinetes más jóvenes, un instructor excelente les animará a completar la prueba original siempre que sea posible. Este estímulo, junto con la frase de apoyo "Puedo hacer cualquier cosa, puedo, puedo", infunde confianza en los jóvenes jinetes y refuerza la creencia de que pueden realizar tareas difíciles. Este enfoque refuerza constantemente la seguridad en sí mismo del joven jinete.

#3: "La prueba final" para todos los jinetes, realizada individualmente. En gimnasia, cada combinación jinete-caballo realizará una prueba asignada por el instructor, que proporcionará tanto instrucciones verbales como ilustraciones para la prueba final.

Jinete n° 1: Partiendo del centro de la pista, todos los jinetes se alinean una vez más uno al lado del otro, a una distancia aproximada de 4 pies. El Jinete n° 1 y su caballo comienzan inmediatamente con un trote de trabajo, elevándose y siguiendo hacia la izquierda. Cuando el jinete se acerca al lado corto de la pista, prepara tanto a su caballo como a sí mismo para un trote rápido sobre cuatro cavaletti a lo largo del lado largo. Tras el último cavaletti, dentro de los 16 pies, el jinete pedirá a su caballo que se detenga durante 5 segundos.

Tras la parada, el jinete indica al caballo que galope a la izquierda por el lado largo, a través del lado corto, y continúa en la posición de equitación de 3 puntos. En el lado largo opuesto, se colocan dos postes de gimnasia en el suelo, separados 33 pies. Al acercarse a los postes, el jinete se coloca en posición semisentada, soltando ligeramente las riendas a lo largo de la cresta del caballo, con los codos suaves y los nudillos apoyados a ambos lados de la cresta (crin). El jinete se centra en empujar los talones hacia abajo, teniendo cuidado de no pellizcar ni presionar con las rodillas contra la silla. El peso debe dirigirse firmemente hacia los talones de las botas del jinete.

En la posición de medio asiento, el jinete dará dos zancadas al galope entre los postes, manteniendo el equilibrio y el control en todo momento.

(Nota: En años anteriores, la posición de salto se llamaba posición de 2 puntos, pero ahora se denomina medio asiento). Esta posición impide que el jinete se desplome sobre los hombros y el cuello del caballo. El jinete levanta la caja torácica, pisa los talones y deja que el caballo salte hacia él. Esta posición permite que el caballo se balancee sobre sus ancas y suba por los hombros, permitiendo un salto elástico y libre. Tras el segundo poste gimnástico, el jinete vuelve a su posición de equitación de 3 puntos. Relajado y sereno, el jinete pide verbal y físicamente al caballo que se detenga durante 5 segundos ("HO-WALK", "HO").

(Los 3-4 jinetes realizarán esta prueba final). Después, todos los jinetes criticarán la actuación de los demás. El instructor concluirá la sesión, comentará las lecciones del día con los jinetes y les invitará a hacer cualquier pregunta sobre su equitación. Recuerda que es esencial utilizar un diario para cada lección y futuras competiciones, siempre obligatorio para "Hacer MEJOR a un buen jinete".

CAPÍTULO 15
APRENDER A SALTAR CURSOS DE CROSS-RAIL

#1. "Dos veces por fuera"

Una forma sencilla pero esencial de crear confianza es establecerla entre el jinete y su caballo. Para este ejercicio, el instructor hará que el jinete salte un recorrido exterior con raíles transversales colocados a una altura de 12 pulgadas en el centro. El jinete saldrá de la alineación central y avanzará al trote, siguiendo a la izquierda. Se colocan cuatro postes cruzados en el exterior, dos en cada lado largo de la pista.

Las distancias entre los cuatro postes son las siguientes: entre los dos primeros travesaños debe haber espacio suficiente para cinco zancadas de trote o cuatro zancadas de galope. Este espacio debe resultar atractivo tanto para el caballo como para el jinete. Para este ejercicio, una distancia de 58 pies entre ambos obstáculos es ideal para crear una monta suave y que genere confianza.

El jinete, caminando la distancia desde el lado de aterrizaje del primer travesaño, dará un paso normal, que es de aproximadamente cuatro pies de largo en una zancada de marcha. Continúa hasta el segundo obstáculo, contando cuántos pasos das. (Recorre las distancias entre obstáculos antes de montar en tu caballo ; todo esto se tratará en el último capítulo). De momento, cuenta los pasos que das entre las vallas de la línea. El jinete caminará 14-15 pasos entre los dos saltos; actualmente, los dos saltos están colocados a 58 pies de distancia. Da la bienvenida a los jinetes a su curso de iniciación en su nivel actual.

Todo jinete debe aprender de su instructor a mantener un ritmo constante en la aproximación a cada salto. Aterriza después del primer salto, manteniendo un ritmo y un compás constantes: (1-2, 1-2, 1-2, etc.). El jinete puede aterrizar y dar la orden "HO-TROT" con la mano derecha exterior hacia el codo, con los talones hacia abajo, permitiendo que el caballo se mueva suavemente hacia el segundo salto. Mientras el caballo puede aterrizar al galope, el jinete puede decir "HO" con calma, avanzar en línea recta, mirar hacia arriba (esto es un gran generador de confianza) y volver a decir "HO-TROT". Termina el recorrido haciendo un círculo de 20 metros (67 pies de diámetro) al trote, completa el círculo, utiliza la orden de voz "HO-CAMINA" y vuelve a la formación para reunirte con los demás jinetes. El jinete se sentirá satisfecho y relajado, al darse cuenta de que acaba de saltar su primer recorrido.

A continuación, los demás corredores procederán, de uno en uno, a completar su recorrido. Ahora haremos el mismo recorrido empezando por la alineación. Cuando estés en la barandilla (línea de la valla), el caballo y el jinete seguirán hacia la derecha. El jinete pedirá al caballo que entre en trote de trabajo (el jinete sube al trote de trabajo en la diagonal correcta). Trota por el lado corto de la pista y mira hacia la línea de los dos primeros saltos (travesaños). El jinete montará con el mismo compromiso, convicción y confianza. Recuerda que siempre hay un principio, un medio y un final.

El nivel de confianza de los jinetes debería haber aumentado, y el instructor debería haberse basado en ello.

El nivel de confianza de los jinetes debe haber aumentado notablemente, guiados por un instructor que encarne las cualidades de "un entrenador muy profesional, amable, indulgente y educado". Un entrenador de principiantes desempeña un papel vital a la hora de moldear a los jóvenes jinetes tanto mental como físicamente, mostrando un cuidado genuino por cada alumno bajo su guía.

Si el centro ecuestre no ofrece instructores y entrenadores "TOP" -que no sólo sepan montar correctamente, sino que trabajen como un equipo cohesionado-, puede que haya llegado el momento de buscar otro establecimiento.

Demasiadas veces en mis 55 años como profesional, han venido a nuestros Centros Ecuestres jinetes jóvenes y mayores que sinceramente no saben montar. Simple y llanamente "PÉSIMO".

Disfruta de tus ponis y caballos, aunque no tengas uno "todavía". Son tuyos todo el tiempo que estés con ellos, y todos saben cuando eres un jinete ecuestre amable, sensible e inteligente desde el principio para ti y para tu caballo.

Entrenador Michael

Mi Próximo Libro será "El Concurso Hípico desde el Estribo Corto hasta el Campo o Estadio del Gran Premio" (Junio 2025)

Sobre el autor

Michael D. Cintas ha sido un estimado entrenador y jinete ecuestre durante más de cinco décadas. El entrenador Michael ha sido propietario o ha construido 5 centros ecuestres internacionales por este orden:

- 1966 'GREEN VALLEY ACRESs, BONITA, CA. (CONDADO DE SAN DIEGO)
- 1972 RANCHO CINTAS, RANCHO SANTA FE, CA.
- 1982 EQUESTRIAN CENTERS INTERNATIONL, RANCHO MIRAGE, CA.
- 1986 CENTROS ECUESTRES INTERNACIONALES DEL SUR, DEL MAR, CA.
- 1990 CENTROS ECUESTRES INTERNACIONALES, CULPEPPER, VA.

Su carrera se extiende por EE.UU. e internacionalmente, donde ha entrenado a jinetes olímpicos y enseñado a miles de alumnos. Su experiencia en equitación y equitación ha formado a generaciones de jinetes, y sigue enseñando a través de sus populares clínicas en todo el mundo.

"A STORY FROM THE HEART"

EQUESTRIAN CENTERS INTERNATIONAL

ALMOST 20 YEARS AGO I CAME TO PALM SPRINGS (THE DESERT). HITCH HIKING! YES, THIS IS A VERY TRUE STORY. ALL OF MY LIFE I WAS VERY BLESSED TO HAVE A SILVER SPOON UP-BRINGING. (OR MAYBE NOT!) WHEN I HAD REACHED BY THIRTIES I THOUGHT I HAD EVERYTHING ANY MAN COULD WANT. I HAD A BEAUTIFUL HOME IN RANCHO SANTA FE, I HAD MY HORSES, I HAD MONEY. I WAS VICE PRESIDENT OF CINTAS DEVELOPMENT AND PLENTY OF FRIENDS TO PARTY WITH.

WHAT I DID NOT HAVE WAS SELF RESPECT, I HAD NOT TAKEN THE TIME TO EVALUATE MY LIFE AND SET A STRAIGHT AND NARROW PATH FOR MY FUTURE. THE WORST WAS THAT I WAS BURNING THE CANDLE AT BOTH ENDS. AND NOT TAKING OTHER PEOPLES
FEELINGS TO HEART.

SO, ONE DAY I WENT TO MY OFFICE AND I FIND OUT THAT I HAVE NO JOB, NO FAMILY, NO HOUSE, NO CAR, AND TWO HUNDRED DOLLARS TO MY NAME. YES! AT THAT MOMENT MY WORLD HAD FALLEN APART. MY FATHER AND THE BOARD TOTALLY EXILED ME.

BY THIS TIME I HAD ALREADY HAD MY LEG ACCIDENT, AND 36 SURGERIES TRYING SAVE MY LEG. AND STILL I HAD NO IDEA HOW LONG I WOULD BE ABLE TO KEEP IT.

I PICKED MYSELF UP, A SUITCASE IN HAND, TWO HUNDRED DOLLARS IN MY POCKET, AND I HITCHHIKED TO PALM SPRINGS. I THOUGHT THE BEST THING TO DO WAS TO GET AS FAR AWAY AS I COULD. AND START A NEW LIFE.

WHEN I ARRIVED IN THE DESERT, I RENTED AN EFFICIENCY APARTMENT BY THE WEEK.

MY MOTHER WHO HAD SIDED WITH ME, BOUGHT ME AN ORANGE(YES, ORANGE) GOLF CART TO GO BACK AND FOR THE TO THE MARKET. THIS WAS A BIG HELP BECAUSE I WAS SUFFERING FROM THE DISEASE "OSTEOMYELITIS" AND THERE WERE TIMES THAT I COULD NOT EVEN WALK WITHOUT THE ASSISTANCE OF CRUTCHES OR A WHEELCHAIR.

I ADVERTISED IN THE DESERT SUN (LOCAL RAG) "FREE LANCE EQUESTRIAN INSTRUCTOR AVAILABLE" TEACHING HUNTERS. JUMPERS. HUNT SEAT EQUITATION! THE NUMBER I LEFT WAS A FRIENDS TELEPHONE MESSAGE MACHINE!

BY THIS TIME I HAD BEEN A PROFESSIONAL FOR 12 YEARS, I HAD A VERY WELL RESPECTED NAME IN SAN DIEGO AND I HAD MY AHSA JUDGES CARD. WITHIN TWO DAYS I RECEIVED PHONE CALLS FROM LOCAL EQUESTRIANS THAT WERE SEEKING INSTRUCTION. A MONTH LATER I HAD A STUDENT BODY OF 10 RIDERS. I NEEDED TO BUY A VEHICLE TO GET FROM ONE END OF THE COACHELLA VALLEY TO THE OTHER, BUT I DID NOT HAVE THE CASH TO DO SO! MY FRIENDS HAD GOTTEN A LITTLE TIRED OF DRIVING ME AROUND, AND AFTER ALL THE GOLF CART COULD NOT GO DOWN THE FREEWAY.

I MET A WONDERFUL OLDER LADY WHO HAD ADVERTISED HER 1968 GOLD CADILLAC FOR SALE. HER HUSBAND HAD JUST PASSED AWAY. I MET WITH MRS. COHEN AT HER TRAILER PARK SHE LIVED AND I EXPLAINED TO HER THAT I HAD NO MONEY, BUT THAT I COULD GIVE HER A DOWNPAYMENT AND PAY FOR THE VEHICLE OVER THE NEXT YEAR. SHE WANTED TWO THOUSAND DOLLARS FOR IT. I GAVE HER TWO HUNDRED DOLLARS DOWN AND TOLD HER I WOULD PAY HER TWO HUNDRED DOLLARS EVERY MONTH FOR THE NEXT NINE MONTHS.

NOW I HAD TRANSPORTATION. AND BECAUSE OF THIS WONDERFUL WOMAN BELIEVING IN ME, IN TWO MONTHS I HAD 20 STUDENTS AND I WAS HEAD TRAINER AT PATTI AIKENS PLACE IN BERMUDA DUNES. MRS. COHEN SOON PASSED AWAY, AND THIS WONDERFUL INDIVIDUAL LEFT ME THE GOLD CADILLAC IN HER WILL FREE AND CLEAR.

SOON AFTERWARD, VANDENBURG STABLES WAS LOOKING FOR A RESIDENT TRAINER, I MET WITH MR. BOB VANDENBURG AND TOOK OVER HAS THEIR HEAD HUNTER JUMPER TRAINER. THIS WAS IN 1982. THAT IS WHEN I MET MANY OF MY STUDENTS THAT I STILL INSTRUCT TODAY. THERE IS WHEN MELANIE CALENDER STARTED TO RIDE WITH ME.

"The Beginning, The Middle & The End"
EQUESTRIAN CENTERS INTERNATIONAL

My Life has always been blessed, even at times when things looked bleak, right over the Mountain was The Glowing Sun and you could see forever! Some of my biggest blunders in life were my most wonderful awakenings. Hit by a neighbor's car, because I was running across the street to Mrs. George's House to get candy, I learned it was ok to run, but first look and see where you are going! I was 9 years old.

When I was 21 years old, on Our Fathers "APOLLO" maiden voyage, I was Selfish and Self-Centered and thought I was the best and took everything for granted I Had that disease 'ARROGANCE' & SELF-RIGHTGEOUS When we were 20 miles outside the Port of Salinas, Ecuador, I stepped into a towline, and there I went upside down through the porthole into the Pacific Ocean Until the tow line became taunt and ripped my left lower leg off except for the main artery. I found myself and that I was just another spoiled punk and nothing special.

That was the day that my life went before me, and I should have been dead. It was a good lesson for me to go through. In those 90 seconds in the Pacific Ocean, I prayed to God, please let me live and raise a family and go back to what I was the best at, "HORSES" I realized within those 90 seconds. I was just another human-being blessed with being a excellent rider, trainer, coach and if they could save my leg I promised God that I would get this Very Big Chip off of my shoulder and try to become a whole and real person, this accident is what saved my life. The wake-up call changed me for life. From that moment on I became a giver and not a taker, and No-One owed me anything, but I surely owed so much to my family, my friends, my students, the Human Race. Humility has stayed with me ever since.

I kept my leg for 15 years with the disease osteomyelitis and always in terrible pain. But it made me appreciate life to the fullest, and how to love and respect everyone around me, and how to Slow Down and appreciate all the blessings I had.

Believe me, I became a softer, kinder, sensitive rider, teacher, coach and through all of this 'A REAL PERSON'

The biggest Test of all was right around the corner, 15 years later, when a young horse without a rider ran at full speed into my young horse and knocked us over at the warm-up ring at Empire Polo, The Desert Circuit.

My horse fell right on top of me and particularly on my Osteo leg. I had already had 36 operations to save the leg, but I had grown up and reality set in. I told my wife Kathy, the time had come. I had my leg amputated. I had given it all, but the time was right, another blessing in disguise. I had my left lower leg amputated and said to myself "SELF" you have a Horse Show in 6 weeks, you pick yourself up when your stump heals, put your pipe leg on, and put your straps around your waist and go back to what you do best. Horses, students, farm, family And never look back.

Believe it or not, I became even a better rider and road for the next 30 years. My students were winners, my family knew my personality and I practiced very hard, that I never had a limp.

The Beginning the Middle and the End. 56 years of being a professional trainer, teacher, mentor and the honor of being an Olympic Coach. Always owning my own farms with my family, making wonderful Equitation riders from the time they were 6-7 years old and most stayed training with me until they went off to college. Traveled around the World as A Coach & Clinician, the Olympic Games. Pan-Am's, World Cups. Nation Cups.

I may not look old, nor do I act old (I think) But my body and God was telling me to hang up the boots and you will be able to stay around awhile longer. I canceled Escrow on the New Farm and for whatever time I have left finish writing my 3 books. "Learning to Ride-RIGHT" , Become An Equitation Rider with feel and sensitivity , "THE MAKING OF AN EQUITATION RIDER TODAY" not a mannequin. And the 3rd Book "The Cintas Stigma"

I just want to say I Thank You All, I Love You All, and to God. thanks for all the Wake-Up Calls!

Coach Michael

www.ingramcontent.com/pod-product-compliance
Lightning Source LLC
Chambersburg PA
CBHW051227120626
46547CB00013B/1536